¡Conocimiento a tope!

a tope!

Asuntos matemáticos

Construyo decenas con mis amigos

Adrianna Morganelli

Traducción de Pablo de la Vega

CRABTREE
PUBLISHING COMPANY
WWW.CRABTREEBOOKS.COM

Objetivos específicos de aprendizaje:
Los lectores:

- Identificarán formas para sumar de uno en uno hasta llegar al diez.

- Contarán objetos en múltiplos de diez y en múltiplos de diez y de unidades.
- Harán conexiones entre las ideas matemáticas del texto para entender cómo se relacionan unidades y decenas.

Palabras de uso frecuente (primer grado) con, el/la, hacer, hay, ves, y	Vocabulario académico contar, decenas, múltiplo, unidades

Estímulos antes, durante y después de la lectura:

Activa los conocimientos previos y haz predicciones:
Pide a los niños que lean el título y miren las imágenes de la tapa. Pregúntales:

- ¿Qué ven en la imagen? ¿Qué hacen los niños?

- ¿Alguna vez han usado bloques en clases de matemáticas?

- ¿Qué saben acerca de contar en múltiplos de diez?

Durante la lectura:
Después de leer la página 6, haz una pausa y pregunta a los niños:

- ¿Qué notan acerca de la palabra «múltiplo»? (Está en negritas).

- ¿Saben lo que es un múltiplo? (Los niños pueden ayudarse con las imágenes y las palabras de la página).

Pide a los niños que vayan a la página 22: «Palabras nuevas». Lee la definición de «múltiplo». Pregúntales:

- De acuerdo a la definición, ¿cómo las palabras en la página 6 y las imágenes nos ayudan a entender lo que es un múltiplo?

- Motiva a los niños a usar la página de «Palabras nuevas» como herramienta de auxilio a la comprensión.

Después de la lectura:
Pide a los niños que practiquen haciendo múltiplos de diez usando bloques de colores. Deben usar al menos dos diferentes colores. Invítalos a anotar los enunciados numéricos que describan su múltiplo. También pueden trabajar en grupos para construir sus múltiplos. Pueden usar los enunciados numéricos de abajo:

_____ + _____ = 10   10 + _____ + _____ = _____

Author: Adrianna Morganelli

Series development: Reagan Miller

Editor: Janine Deschenes

Proofreader: Melissa Boyce

STEAM notes for educators:
Reagan Miller and Janine Deschenes

Guided reading lLeveling: Publishing Solutions Group

Cover and interior design: Samara Parent

Photo research: Janine Deschenes and Samara Parent

Print coordinator: Katherine Berti

Translation to Spanish: Pablo de la Vega

Edition in Spanish: Base Tres

Photographs:
iStock: pacopole: p. 9 (top); Antagain: p. 9 (bottom); AYImages: p. 18 (left); ivanastar: p. 19; Maica: p. 21 (top)
All other photographs by Shutterstock

Library and Archives Canada Cataloguing in Publication
Title: Construyo decenas con mis amigos / Adrianna Morganelli ; traducción de Pablo de la Vega.
Other titles: Building tens with my friends. Spanish
Names: Morganelli, Adrianna, 1979- author. | Vega, Pablo de la, translator.
Description: Series statement: ¡Conocimiento a tope! Asuntos matemáticos | Translation of: Building tens with my friends. | Includes index. | Text in Spanish.
Identifiers: Canadiana (print) 20200299859 |
    Canadiana (ebook) 20200299867 |
    ISBN 9780778783657 (hardcover) |
    ISBN 9780778783817 (softcover) |
    ISBN 9781427126405 (HTML)
Subjects: LCSH: Counting—Juvenile literature. | LCSH: Addition—Juvenile literature. | LCSH: Arithmetic—Juvenile literature.
Classification: LCC QA113 .M6918 2021 | DDC j513.2/11—dc23

Library of Congress Cataloging-in-Publication Data
Title: Construyo decenas con mis amigos / Adrianna Morganelli ; traducción de Pablo de la Vega.
Other titles: Building tens with my friends. Spanish
Description: New York : Crabtree Publishing Company, 2021. | Series: ¡Conocimiento a tope! Asuntos matemáticos | Includes index.
Identifiers: LCCN 2020033124 (print) |
    LCCN 2020033125 (ebook) |
    ISBN 9780778783657 (hardcover) |
    ISBN 9780778783817 (paperback) |
    ISBN 9781427126405 (ebook)
Subjects: LCSH: Counting--Juvenile literature. | Addition--Juvenile literature. | Arithmetic--Juvenile literature.
Classification: LCC QA113 .M67718 2021 (print) | LCC QA113 (ebook) | DDC 513.2/11--dc23

Printed in the U.S.A./102020/CG20200914

Índice

Crabtree Publishing Company
www.crabtreebooks.com   1-800-387-7650

Published in Canada
Crabtree Publishing
616 Welland Ave.
St. Catharines, Ontario
L2M 5V6

Published in the United States
Crabtree Publishing
347 Fifth Ave
Suite 1402-145
New York, NY 10016

Published in the United Kingdom
Crabtree Publishing
Maritime House
Basin Road North, Hove
BN41 1WR

Published in Australia
Crabtree Publishing
Unit 3 – 5 Currumbin Court
Capalaba
QLD 4157

Contando cuentas

Óscar y Anika usan cuentas para hacer brazaletes. «¿Cuántas cuentas tenemos?», pregunta Anika.

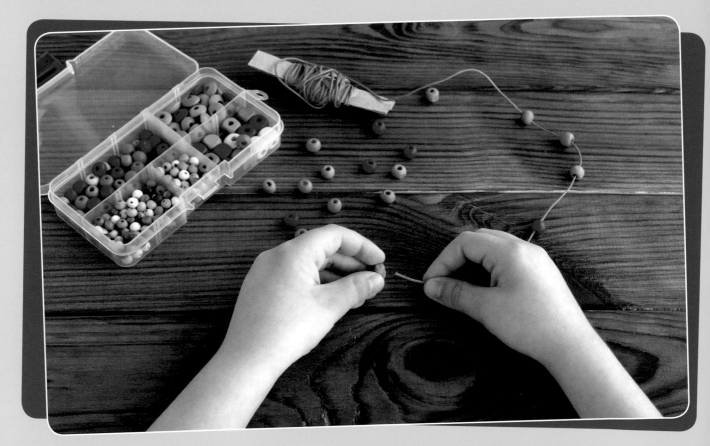

Óscar y Anika quieren **contar** las cuentas. Contar les permitirá saber el número de cuentas que hay.

Usamos los números para contar.
Comenzamos con uno y luego
decimos los números en orden.

¿Cuántas cuentas amarillas ves?
¿Cuántas cuentas rojas ves?

Múltiplos de diez

Óscar cuenta diez cuentas. Diez es un **múltiplo** de diez **unidades**.

Los múltiplos de diez son llamados **decenas**.

Anika piensa que le va a tomar mucho tiempo contar todas las cuentas. «Contemos el resto de cuentas por decenas», dice.

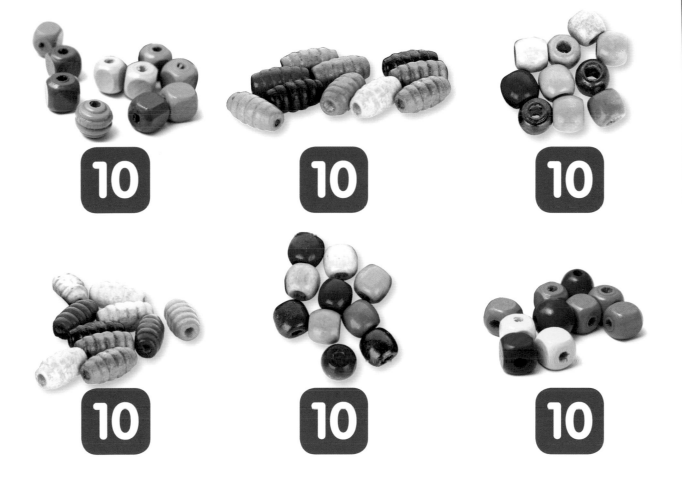

Hay seis múltiplos de diez cuentas. Eso es igual a 60 cuentas.

Contando en decenas

Contar en decenas es más rápido que contar de uno en uno. Podemos contar grandes cantidades usando múltiplos de diez.

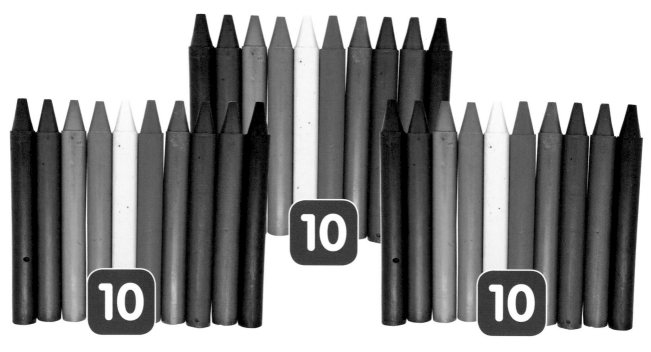

Hay tres múltiplos de diez crayones.
Eso es igual a 30 crayones.

¿Cuántas fresas hay? Cuenta
en decenas para averiguarlo.

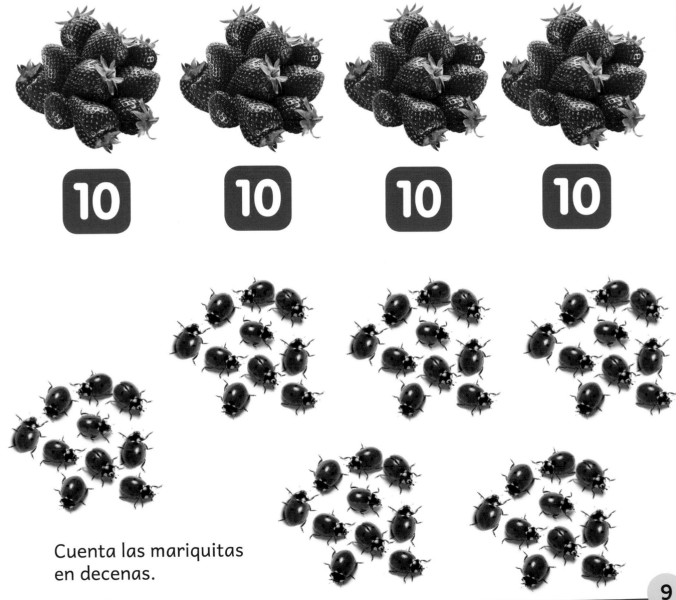

| 10 | 10 | 10 | 10 |

Cuenta las mariquitas
en decenas.

¿Cuántos hasta llegar a diez?

Podemos hacer múltiplos de diez de muchas maneras. Anika hace ocho pastelitos. Se pregunta cuántos más necesita para llegar a diez.

Óscar le da a Anika dos pastelitos más. Ocho más dos es igual a diez.

$$8 + 2 = 10$$

$$3 + \_ = 10$$

Anika hace tres pastelitos más.
¿Cuántos más necesita para llegar a diez?

Arroja hasta llegar a diez

Anika, Óscar y sus amigos juegan a arrojar el aro. Los jugadores obtienen un punto por cada aro que cae rodeando al cono.

aro

cono

¡El primer equipo que obtenga diez puntos gana!

Reyes del Círculo

7

Estrellas del Aro

6

¿Cuántos puntos más necesitan los Reyes del Círculo para ganar?

Las Estrellas del Aro anotan cuatro puntos más. ¿Tienen puntos suficientes para ganar?

Haciendo decenas

Ayuda a Anika y Óscar a hacer decenas.

$1 + \_ = 10$

Anika tiene un balón de fútbol. ¿Cuántos balones más necesita para hacer una decena?

$5 + \_ = 10$

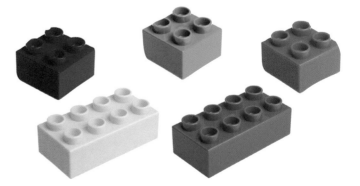

Óscar tiene cinco bloques. ¿Cuántos bloques más necesita para hacer una decena?

¿Cuántas canicas más necesitan Anika y
Óscar para hacer tres múltiplos de diez?

Decenas y unidades

Cada número del 11 al 19 es un múltiplo de diez al que le sobra un número. Los números que sobran se llaman unidades.

11 es un múltiplo de diez al que le sobra una unidad.

12 es un múltiplo de diez al que le sobran dos unidades.

13 es un múltiplo de diez al que le sobran tres unidades.

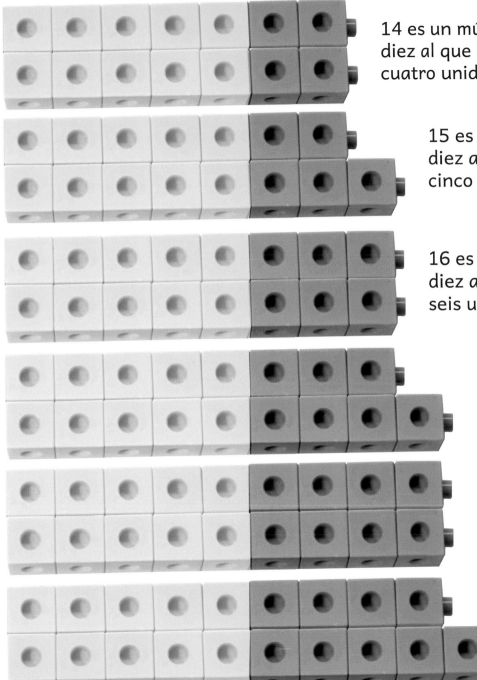

14 es un múltiplo de diez al que le sobran cuatro unidades.

15 es un múltiplo de diez al que le sobran cinco unidades.

16 es un múltiplo de diez al que le sobran seis unidades.

17 es un múltiplo de diez al que le sobran siete unidades.

18 es un múltiplo de diez al que le sobran ocho unidades.

19 es un múltiplo de diez al que le sobran nueve unidades.

¿Cuántas unidades sobran?

Esta caja puede contener hasta 10 crayones. ¿Cuántas unidades sobran?

¿Cuántos crayones hay en total?

Óscar ayuda a su mamá a recoger palitos en el jardín.

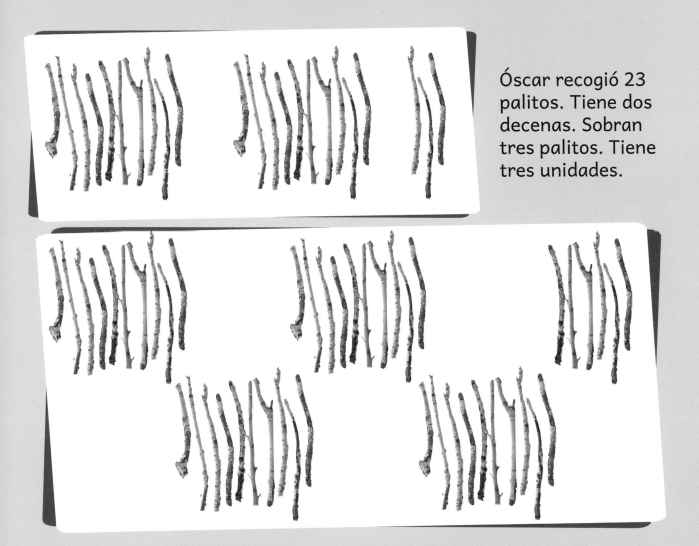

Óscar recogió 23 palitos. Tiene dos decenas. Sobran tres palitos. Tiene tres unidades.

La mamá de Óscar recogió 46 palitos.
¿Cuántas decenas tiene? ¿Cuántas unidades?

Múltiplos en la playa

Anika y su abuelo recogen **basura** en la playa. Ponen las botellas vacías en bolsas.

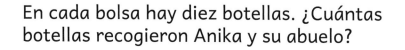

En cada bolsa hay diez botellas. ¿Cuántas botellas recogieron Anika y su abuelo?

A Anika le gusta **recolectar** conchas de mar.
Su abuelo y ella buscan nuevas conchas de mar.

Cuenta las conchas de mar de Anika. ¿Cuántos múltiplos
de diez recolectó? ¿Cuántas unidades sobran?

Palabras nuevas

basura: sustantivo. Cosas que la gente tira.

contar: verbo. Sumar para encontrar el número total de objetos en un grupo.

decenas: sustantivo. Grupos de diez unidades.

múltiplo: sustantivo. Objetos en un mismo grupo, como una decena.

recolectar: verbo. Recoger objetos de distintos lugares para, con frecuencia, crear una colección o un grupo más grande.

unidades: sustantivo. Nombre dado a objetos solos.

Un sustantivo es una persona, lugar o cosa.

Un verbo es una palabra que describe una acción que hace alguien o algo.

Un adjetivo es una palabra que te dice cómo es alguien o algo.

Índice analítico

Sobre la autora

Adrianna Morganelli es una editora y escritora que ha trabajado en una innumerable cantidad de libros de Crabtree Publishing. Actualmente está escribiendo una novela para niños.

Para explorar y aprender más, ingresa el código de abajo en el sitio de Crabtree Plus.

www.crabtreeplus.com/fullsteamahead

Tu código es:
fsa20

(página en inglés)

Notas de STEAM para educadores

¡Conocimiento a tope! es una serie de alfabetización que ayuda a los lectores a desarrollar su vocabulario, fluidez y comprensión al tiempo que aprenden ideas importantes sobre las materias de STEAM. *Construyo decenas con mis amigos* ayuda a los lectores a identificar y responder preguntas acerca de ideas relacionadas con el cálculo básico del valor y las sumas. La actividad STEAM de abajo ayuda a los lectores a expandir las ideas del libro para el desarrollo de habilidades matemáticas y de ingeniería.

Una estructura de diez

Los niños lograrán:
- Mostrar sus conocimientos de matemáticas al agrupar e identificar mútiplos de diez.
- Usar un múltiplo de diez objetos para construir una estructura de acuerdo con criterios específicos.

Materiales
- Hoja de trabajo «Una estructura de diez».
- Regla en yardas, regla en metros, regla común o cualquier otra herramienta de medición (al criterio del educador).
- Materiales para hacer proyectos como cajas recicladas, latas y botellas, lápices, monedas, pegamento, cinta adhesiva, bandas elásticas, palitos de manualidades, etc.

Guía de estímulos
Después de leer *Construyo decenas con mis amigos*, pregunta a los niños:
- ¿Cuántas unidades hay en una decena?
- ¿Por qué es útil agrupar objetos en decenas cuando hacemos cuentas?

Actividades de estímulo
Explica a los niños que crearán una estructura a partir de un múltiplo de diez objetos.

Repasa los criterios para la estructura.
- Cada estructura debe ser tan alta como una regla en yardas (o en metros). (Escoge una meta apropiada para niños).
- Cada estructura debe ser hecha de un múltiplo de diez (en total, diez objetos).
- El múltiplo de diez debe ser hecho de tres diferentes tipos de objetos.
- Cada grupo escribe un enunciado numérico para describir su múltiplo de diez, como: 3 latas + 2 cajas de pañuelos desechables + 5 palitos de manualidades = 10.

Pide a los niños que formen grupos de tres o cuatro. Cada grupo construirá una estructura. Cada niño llenará su propia hoja de trabajo «Una estructura de diez».

Pide a cada grupo que presente sus estructuras y los enunciados numéricos que las describen. Prueba cada estructura midiéndola. Habla con ellos sobre lo que funcionó y lo que puede mejorar. Los niños pueden corregir su estructura si no se ajustó a los criterios.

Extensiones
Pide a los niños que examinen las estructuras de otros dos grupos. Hazlos que anoten y presenten enunciados numéricos que describan los múltiplos de diez de los otros grupos.

Para ver y descargar las hojas de trabajo, visita **www.crabtreebooks.com/resources/printables** o **www.crabtreeplus.com/fullsteamahead** (páginas en inglés) e ingresa el código **fsa20**.